사랑하는

─────── 님께

마음을 담아 드립니다.

신앙생활을 위한 입문서

모두를 위한
사도신경

박상민 지음

토브북스

추천사

사도신경에 대한 책은 이미 여러 형식으로 많이 나와 있지만, 성도들의 다양한 연령과 개성과 독서력을 고려한다면 여전히 새로운 책이 필요합니다. 특히 불확실성의 시대를 살아가는 포스트모던 시대에 그리스도인들이 믿고 있는 신앙의 본질과 의미를 담고 있는 사도신경을 되짚어보는 것은 매우 중요합니다.

이 책의 강점은 성도들의 눈높이에 맞추어 적정 수준의 깊이와 분량으로 기획되어 사도신경의 핵심을 쉽고 간결하게 전달하고 있다는 데 있습니다. 어렵게 설명하기보다 핵심적인 내용을 압축해서 정리한 글이라 독서가 익숙하지 않은 사람들도 소화할 수 있으며, 책에서 함께 제공하는 질문들은, 내용을 확인하는 것에 그치지 않고 성도의 현실적인 신앙을 돌아보고 성찰하게까지 하니 참 유익할 것으로 기대됩니다.

이 책은 그룹이 성경공부용으로 사용하기에 적합하며, 혼자서 읽으면서 공부하기에도 안성맞춤입니다. 내용에 깊이가 있으면서도 이해하기 쉽게 기술되어 있기에 기존 신자는 물론, 새 신자에게 선물해도 좋은 책입니다. 이 책을 읽고 나서 예배시간 사도신경을 고백할 때 이전과는 다른 느낌과 확신이 충만할 것입니다.
이에 이 책을 적극적으로 추천 드립니다.

오정호 목사

대한예수교장로회(합동) 총회장/ 새로남교회

그리스도인은 믿는 자이기도 합니다. 따라서 무엇을 그리고 누구를 믿는지에 대한 지식이 분명해야 합니다. 무조건 믿는다거나 믿고 싶다고 자신에게 최면을 거는 것이 마치 좋은 신앙인 것처럼 생각하거나, 아무런 지식 없이 뜨거운 체험을 하거나 실천적인 삶을 살면 된다고 생각하는 이들이 교회 안에도 적지 않습니다.

그러나 성경은 우리에게 삼위일체 하나님과 우리 자신에 대해서 알아야 할 지식의 내용을 담고 있습니다. 다만 방대한 분량이어서 성경의 핵심 혹은 근본적 진리가 무엇인지를 신자들 특히 초신자들은 쉽게 파악하지 못합니다. 그러한 사정을 잘 알기에 초기 교회부터 신앙고백서나 교리문답서들을 만들어 교회에 제공하는 일들을 힘써 온 것입니다.

초기 교회 때부터 우리에게 전승되어 온 사도신경은 길이도 짧을 뿐 아니라, 늘 예배시간에 고백용으로 사용되기 때문에 성경 진리를 바로 알기 위해서나 재확인하기 위해서는 사도신경에 대한 이해로 시작하는 것이 중요합니다. 국내에는 사도신경 무용론을 주장하는 이들이 더러 있기도 하기에, 이번에 출간되는 『모두를 위한 사도신경』은 시의적절한 안내서라고 생각합니다. 구약을 전공한 성경 연구자로서, 양서들을 보급하고자 하는 열망을 가진 토브북스 대표로서 박 목사님의 책은 이해하기 쉬운 필체로 쓰였고 분량도 부담스럽지 않아서 한자리에 앉아서 숙독할 수도 있습니다. 이 책을 신앙입문자들과 신앙의 ABC를 재확인하고 싶은 모든 그리스도인에게 권독합니다.

이상웅 교수
총신대학교 신학대학원 조직신학

토브북스 박상민 대표의 글이 참 간결합니다. 신앙인이라면 꼭 알아야 하는 사도신경을 단락별로 일목요연하게 잘 정리하였습니다. 누구든지 읽고 성부, 성자, 성령, 교회공동체, 부활의 의미를 정확하게 배우길 바랍니다. 신앙에 있어 가장 기본진리를 담고 있는 사도신경은 교회의 공교회성 회복을 위해 너무 중요합니다. 그 의미를 알고 배우고 함께 고백할 때 교회는 세상 가운데서 '믿는 것과 아는 일에 하나가 되어 온전한 사람을 이루어' 가게 될 것입니다. 모든 교회가 성경 공부 교재로 사용하면 전 세대를 건강하게 세울 수 있을 것입니다.

이재학 목사
하늘땅교회 담임, 작은교회연구소 소장
『우리는 날마다 교회가 무엇인지 묻는다』 저자

발간사

우리는 신앙생활을 시작하게 될 때 제일 먼저 사도신경을 만나게 됩니다. 성경책 앞면에도 사도신경이 기록되어 있고, 모든 성도가 함께 예배 시간에 사도신경을 암송합니다. 어쩌면 너무 뻔해 보이는 내용이라 생각 없이 목소리를 따라 소리를 내기도 합니다. 하지만 예배를 계속 참석하다 보면 교회가 사도신경을 너무 사랑하고 있다는 점을 깨닫게 됩니다. 모든 예배에서 항상 사도신경을 암송하고 신앙교육의 첫 번째 주제가 사도신경이기 때문입니다. 게다가 세례교육에서도 사도신경이 빠지지 않습니다. 신앙생활이 우리의 중심이 되면 우리는 점점 사도신경이 궁금해지게 됩니다. 짧지만 그 안에 담겨 있는 의미가 깊다고 느껴지기 때문입니다.

시몬 베드로는 "너희는 나를 누구라고 부르느냐"라는 예수님의 질문에 "주는 그리스도시요 살아 계신 하나님의 아들이시니이다"(마 16:16) 라고 대답했습니다. 예수님은 이 신앙고백 위에 내 교회를 세우겠다고 하셨습니다. 교회 지도자들은 이 고백 위에 삼위일체 하나님과 반드시 알아야 할 내용을 축약했고 오랜 시간을 거쳐 공식교리로 인정받게 되었습니다. 이 고백은 세례 받을 자들의 자격으로 이해되기도 하였으며, 신앙교육의 자료로 사용되기도 하였습니다. 무엇보다 이단을 물리치는 무기가 되었습니다.

우리가 기독교의 기본 진리를 온전히 이해하기를 원한다면, 거짓 가르침을 분별하기를 원한다면, 그리고 거룩한 삶을 살기를 원한다면 우리는 반드시 사도신경을 공부해야 합니다. 초신자부터 기존 신자까지, 그리고 세례를 받고자 하는 성도, 신앙을 온전히 하고픈 성도나 직분자 역시 예외는 없습니다.

앞서 사도신경 교재가 많이 출간되었지만 깊이 있는 내용을 모두 담으려 하다 보니 이해하기가 어려웠습니다. 게다가 어려운 신학 용어와 함께 교리 중심의 설명이 많아 실제 우리의 삶과 동떨어져 있다는 느낌이 너무 강해 접근하기 어려웠습니다. 따라서 저는 사도신경

순서에 따라 학습하되 각 내용을 이해할 수 있도록 간략하지만 성도의 눈높이에 맞는 쉬운 설명과 함께 각 장을 이해할 수 있는 요약과 질문을 넣었습니다. 사도신경 순서에 따라 차분히 매주 본문을 읽고 묵상하며 질문을 나눌 때 사도신경이 우리 삶 속에 열매를 맺는 큰 은혜를 얻게 될 것입니다.

토브북스 대표

박상민

사도신경 (개역한글)

전능하사 천지를 만드신
하나님 아버지를 내가 믿사오며,
그 외아들 우리 주 예수 그리스도를 믿사오니,
이는 성령으로 잉태하사
동정녀 마리아에게 나시고
본디오 빌라도에게 고난을 받으사
십자가에 못박혀 죽으시고
장사한 지 사흘 만에 죽은 자 가운데서
다시 살아나시며, 하늘에 오르사,
전능하신 하나님 우편에 앉아 계시다가,
저리로서 산 자와 죽은 자를
심판하러 오시리라. 성령을 믿사오며,
거룩한 공회와 성도가 서로 교통하는 것과,
죄를 사하여 주시는 것과,
몸이 다시 사는 것과
영원히 사는 것을 믿사옵나이다.
아멘.

사도신경 (새번역)

나는 전능하신 아버지 하나님,
천지의 창조주를 믿습니다.
나는 그의 유일하신 아들,
우리 주 예수 그리스도를 믿습니다.
그는 성령으로 잉태되어
동정녀 마리아에게서 나시고,
본디오 빌라도에게 고난을 받아
십자가에 못 박혀 죽으시고,
장사된 지 사흘 만에 죽은 자 가운데서
다시 살아나셨으며, 하늘에 오르시어
전능하신 아버지 하나님 우편에 앉아 계시다가,
거기로부터 살아있는 자와 죽은 자를
심판하러 오십니다. 나는 성령을 믿으며,
거룩한 공교회와 성도의 교제와
죄를 용서받는 것과
몸의 부활과 영생을 믿습니다.
아멘.

목차

추천사   4
발간사   8
사도신경   12

PART 01   나는 믿습니다   17

PART 02   하나님은 어떤 분이신가?   27

PART 03   예수 그리스도는 어떤 분이신가? - Ⅰ   37

PART 04   예수 그리스도는 어떤 분이신가? - Ⅱ   49

PART 05   예수 그리스도는 어떤 분이신가? - Ⅲ   59

PART 06	예수 그리스도는 어떤 분이신가? - Ⅳ	69
PART 07	성령님은 어떤 분이신가?	79
PART 08	거룩한 공회와 성도의 교통	93
PART 09	죄를 사하여 주시는 것	103
PART 10	몸이 다시 사는 것과 영원히 사는 것	113

01 PART

나는 믿습니다

PART 01
나는 믿습니다

| 개역한글 | 내가 믿사오며 |
| 새 번역 | 나는 ... 믿습니다 |

1. 신앙은 동의를 의미합니다

사도신경은 처음부터 끝까지 "내가 믿습니다"라는 고백으로 가득 채워져 있습니다. 이 믿음의 고백은 기독교의 핵심 진리를 담고 있습니다. 우리는 이 진리를 사도신경 전체에 걸쳐 고백하는 것입니다.

"나는 하나님을 믿습니다"라고 한다면 하나님이 존재한다는 사실을 마음 깊이 인정하고 따른다는 의미가 됩니다. 이 말은 곧 우리 안에서 신념이 되어 "나는 하나님이 계심을 믿습니다"는 고백으로 나타나게 됩니다.

우리가 하나님이 계신다는 사실을 인정하고 확신하게 될 때 우리의 삶은 변하게 될 것입니다. 하나님이 보시고, 우리의 삶을 평가하시며, 말씀으로 지도하신다는 사실을 알게 되니 행동 하나하나가 조심스러울 수밖에 없습니다.

2. 신앙은 신뢰를 의미합니다

신뢰는 우리에게 두려운 상황에서도 흔들리지 않는 굳건한 마음을 제공합니다.

예수님의 말씀을 따라 물 위를 걷고 있었던 베드로가 바람을 보고 두려움에 사로잡혀 물에 빠져 갈 때 예수님이 그를 책망하였던 이유가 바로 믿음이었습니다. 그는 두려움에 사로잡혀 신뢰를 잃었던 것입니다. 만일 우리가 주님을 신뢰한다면 어떤 두려운 상황에서도 흔들림 없이 주님의 말씀을 따라 걸어갈 것입니다.

오라 하시니 베드로가 배에서 내려 물 위로 걸어서 예수께로 가되 바람을 보고 무서워 빠져 가는지라 소리 질러 이르되 주여 나를 구원하소서 하니 예수께서 즉시 손을 내밀어 그를 붙잡으시며 이르시되 믿음이 작은 자여 왜 의심하였느냐 하시고 배에 함께 오르매 바람이 그치는지라(마 14:29-32).

3 신앙은 헌신을 의미합니다

헌신은 자신을 온전히 맡긴다는 의미입니다. 우리가 "믿습니다"라고 고백할 때 우리의 헌신을 공개적으로 드러내게 됩니다. 이 헌신은 때론 고난으로 다가올 때가 있습니다.

마리아는 고난과 죽음을 말씀하신 예수님의 말씀을 듣고 믿음으로 반응하였습니다. 그녀는 그 말씀에 따라 자신이 가지고 있던 가장 비싼 향유를 예수님의 발에 붓고 자신의 머리털로 닦았습니다. 바로 예수님의 죽음을 예비한 행동이었습니다. 그러나 제자들은 그녀의 행동에 동의하지 않았습니다(마 26:8). 오히려 분개하며 낭비한다고 생각했습니다. 그들은 마리아의 헌신을 인정하지 않았던 것입니다. 비난이 극에 달했지만 예수님은 그녀의 행동이 믿음에 따른 헌신임을 아셨습니다.

성경은 향유 냄새가 가득하다는 표현을 통해 그녀의 헌신이 얼마나 주님께 향기로운 제사가 되었는지 보여 줍니다.

> 마리아는 지극히 비싼 향유 곧 순전한 나드 한 근을 가져다가 예수의 발에 붓고 자기 머리털로 그의 발을 닦으니 향유 냄새가 집에 가득하더라(요 12:3).

우리가 우리의 신앙을 공개하게 된다면 그 헌신으로 인해 이처럼 고난을 맞이할 수도 있습니다. 그동안 인정해 주던 목소리도, 혹은 손길도 사라질 수 있습니다. 하지만 우리가 주님께 믿음을 고백함으로 헌신하게 될 때 우리는 분명 하나님의 큰 사랑을 받게 될 것입니다.

4 신앙은 순종을 의미합니다

순종은 말씀을 듣고 따르는 것을 가리킵니다. 우리가 우리의 믿음을 고백할 때 우리는 지금까지 고집했던 나를 주장하지 않고 하나님의 말씀대로 살아가게 됩니다. 따라서 이 순종은 주님께 기쁨과 자랑이 됩니다.

> 너희의 순종함이 모든 사람에게 들리는지라 그러므로 내가 너희로 말미암아 기뻐하노니 너희가 선한 데 지혜롭고 악한 데 미련하기를 원하노라(롬 16:19).

창세기에 믿음의 조상으로 불린 아브라함이 있습니다. 그는 처음 하나님께 고향과 친척과 아버지 집을 떠나 하나님께서 보여 주실 땅으로 가라고 그에 따를 때 복을 주실 것이란 말씀에 순종하였습니다. 그의 선택은 하나님 말씀을 인정하고 신뢰하였기 때문에 가능했습니다. 하지만 이후에 그를 이을 자녀가 없게 되자 그는 흔들리고 말았습니다(창 15:2). 그런 그에게 하나님은 언약을 통해(창 15:4-21) 확신을 주셨습니다. 그 언약은 크고 분명하여 평생 잊을 수 없는 확증이 되었습니다. 아브라함은 이제 어떤 고난이 와도 흔들리지 않는 순종의 믿음을 갖게 되었습니다.

사도신경이 우리에게 요청하는 믿음은 **동의**와 **신뢰**와 **헌신**과 **순종하는 믿음**입니다. 우리가 하나님을, 그리고 그리스도를, 그리고 성령을, 그리고 거룩한 공회와 성도가 교통하는 것과 죄를 사하여 주시는 것과 몸이 다시 사는 것과 영원히 사는 것을 믿음으로 반응하고 따를 것을 요청합니다. 우리는 이와 같은 믿음 가운데 사도신경을 고백해야 할 것입니다.

☑ 내용 정리 ☑

사도신경 전체에 담겨 있는 믿는다는 말은 단순한 고백으로 끝나지 않습니다. 그 안에는 하나님이 계심을 확신하는 **믿음**이, 두려움에도 흔들리지 않는 **신뢰**가, 우리 자신을 드리는 **헌신**이, 주님의 말씀대로 살겠다는 **순종**이 담겨 있습니다. 우리는 오직 순종함으로써 하나님의 말씀을 따르고 믿음으로 고백하는 삶을 살아야 할 것입니다.

> ? 질문 ?

당신은 사도신경 내용 모두를 당신의 고백으로 인정합니까?

"나는 믿습니다"에 담겨 있는 의미 중 가장 마음에 와닿는 것은 무엇입니까?

당신은 주님을 향한 헌신에 참여하기를 원하십니까? 그 이유는 무엇입니까?

아브라함을 통해서 알 수 있는 믿음 고백은 무엇입니까?

나의 고백

나의 결단

나의 기도

PART 02

하나님은 어떤 분이신가?

PART 02
하나님은 어떤 분이신가?

개역한글 전능하사 천지를 만드신
          하나님 아버지를 내가 믿사오며

새 번 역 나는 전능하신 아버지 하나님,
          천지의 창조주를 믿습니다.

1. 전능하신 분이십니다

하나님은 영원하시며(영원무궁, 永遠無窮), 모든 것을 아십니다(전지, 全知). 또한 어느 곳에든 다 계십니다(무소부재, 無所不在). 이것이 바로 우리가 기도할 수 있는 이유입니다. 우리가 어느 곳에 있든, 어떤 상황에 있든 기도하는 모든 것을 들으시기 때문입니다. 그뿐만이 아닙니다. 하나님은 전능(全能)하신 분입니다. 전능하다는 말은 '모든 것을 할 수 있다'는 뜻입니다. 하나님께 불가능한 일은 없습니다. 하나님은 우리를 넘어지지 않게 붙드시고(유다 1:24), 든든히 세워 주십니다(행 20:32). 또한 구하는 것, 생각하는 것 이상으로 넘치도록 행하십니다(엡 3:20). 그렇기 때문에 우리는 어떤 어려움을 만나든지 고민하지 않고 담대히 하나님께 기도할 수 있습니다.

하나님께서 아브람에게 자신을 '전능한 하나님'으로 처음 소개하셨을 때는 그에게 아들을 주시겠다고 약속하시는 말씀 가운데였습니다. 문제는 그가 99세나 되었고 아내 사라도 생리가 끊어진 노년의 몸이었다는 사실입니다. 하지만 하나님께 불가능한 일은 없습니다. 전능하시기 때문입니다. 하나님은 약속하신 말씀 그대로 아브람에게 아들을 주셨습니다. 하나님은 오늘도 우리가 드리는 기도에 응답하시고 전능하신 능력으로 해결해 주십니다.

> 아브람이 구십구 세 때에 여호와께서 아브람에게 나타나서 그에게 이르시되 나는 전능한 하나님이라 너는 내 앞에서 행하여 완전하라 내가 내 언약을 나와 너 사이에 두어 너를 크게 번성하게 하리라 하시니(창 17:1-2).

2 천지를 만드신 분이십니다

하나님은 말씀을 통해 아무것도 없는 무(無)로부터 천지를 창조하셨습니다. 하나님은 태초 이전에 스스로 계신 초월적이고 인격적인 존재이십니다. 이 하나님이 천지, 즉 우주 만물을 설계하시고 완성하셨습니다.

> 태초에 하나님이 천지를 창조하시니라(창 1:1).

하나님은 말씀으로 '혼돈'에서 '질서'를 세우셨고, 공허한 이곳에 만물로 가득 채우셨습니다. 하나님은 빛과 광명을 하늘과 땅과 바다를 그리고 생명을 창조하셨으며, 창조하신 이 세계를 다스리시고 돌보고 계십니다(시 104편).

우리가 천지를 창조하시고 돌보시는 하나님을 온 세상의 주인이시라고 고백한다면 그리고 그분을 나의 주님이시라고 고백한다면 우리는 마땅히 하나님께 예배를 드려야 합니다. 하나님을 온전히 섬기는 자는 마땅히 예배를 드려야 하기 때문입니다.

믿음으로 모든 세계가 하나님의 말씀으로 지어진 줄을 우리가 아나니 보이는 것은 나타난 것으로 말미암아 된 것이 아니니라(히 11:3).

아버지께 참되게 예배하는 자들은 영과 진리로 예배할 때가 오나니 곧 이때라 아버지께서는 자기에게 이렇게 예배하는 자들을 찾으시느니라(요 3:23).

3 우리의 아버지가 되시는 분이십니다

천지를 만드신 하나님은 세상을 만드시기 전에 그리스도 안에서 우리를 택하시고, 그 기쁘신 뜻대로 우리를 예정하셨습니다. 그리고 오직 그의 아들이신 예수 그리스도로 인해 우리를 자신의 자녀들이 되게 하셨습니다.

찬송하리로다 하나님 곧 우리 주 예수 그리스도의 아버지께서 그리스도 안에서 하늘에 속한 모든 신령한 복을 우리에게 주시되 곧 창세 전에 그리스도 안에서 우리를 택하사 우리로 사랑 안에서 그 앞에 거룩하고 흠이 없게 하시려고 그 기쁘신 뜻대로 우리를 예정하사 예수 그리스도로 말미암아 자기의 아들들이 되게 하셨으니 (엡 1:3-6).

그렇기 때문에 우리는 하나님을 아버지라고 부를 수 있게 되었습니다. 아버지이신 전능하신 하나님은 자녀가 된 우리에게 관심이 많으십니다. 아버지이시기 때문입니다. 하나님은 자녀된 우리의 행복을 위해 돌봐 주시고 살펴 주십니다.

하나님은 하나님을 사랑하는 자 곧 그의 뜻대로 부르심을 입은 자에게 모든 것이 합력하여 선을 이루게 하십니다. 그리고 우리로 그의 아들의 형상을 본받게 하기 위해 미리 정하시고 부르셨습니다. 그리고 의롭다 하시고 영화롭게 하셨습니다.

우리가 알거니와 하나님을 사랑하는 자 곧 그의 뜻대로 부르심을 입은 자들에게는 모든 것이 합력하여 선을 이루느니라 하나님이 미리 아신 자들을 또한 그 아들의 형상을 본받게 하기 위하여 미리 정하셨으니 이는 그로 많은 형제 중에서 맏아들이 되게 하려 하심이니라 또 미리 정하신 그들을 또한 부르시고 부르신 그들을 또한 의롭다 하시고 의롭다 하신 그들을 또한 영화롭게 하셨느니라(롬 8:28-30).

전능하신 창조주 하나님이 우리의 아버지가 되신다면 우리에게 두려운 일이 무엇이 있을까요? 세상에 그 어떤 무서운 세력도 두렵지 않습니다. 그것이 권력이라도, 물질이라도, 영이라도, 건강이라도 말입니다. 우리는 아버지 되시는 하나님을 의지하며 담대히 기도할 수 있게 되었습니다.

그런즉 이 일에 대하여 우리가 무슨 말 하리요 만일 하나님이 우리를 위하시면 누가 우리를 대적하리요 자기 아들을 아끼지 아니하시고 우리 모든 사람을 위하여 내주신 이가 어찌 그 아들과 함께 모든 것을 우리에게 주시지 아니하겠느냐(롬 8:31-32).

☑ 내용 정리 ☑

하나님은 **전능하신 분**입니다. 영원하시고 모든 것을 아시고 어느 곳에든 모두 계십니다. 그리고 모든 일을 다 하실 수 있습니다. 그렇기 때문에 우리는 전능하신 하나님만을 바라볼 수 있습니다.

또한 하나님은 **천지를 만드신 분**이십니다. 말씀으로 만물을 만드시고 다스리시는 분이시기에 우리는 마땅히 하나님께 예배를 드려야 합니다.

또한 하나님은 우리의 **아버지가 되시는 분**이십니다. 우리를 택하시고 부르셔서 자녀로 삼아 주셨습니다. 이런 하나님이 우리의 아버지가 되시니 우리에게 두려운 일이 무엇일까요? 우리는 하나님을 온전히 알 때 하나님을 의지하며 담대히 기도할 수 있게 됩니다.

❓ 질문 ❓

우리가 전능하신 하나님을 믿게 될 때 무슨 일이 일어나게 됩니까?

지금 당신의 삶에 하나님의 전능하심이 필요한 부분은 무엇입니까?

당신이 하나님께 예배드려야 하는 이유는 무엇이라고 생각합니까?

하나님을 나의 아버지라고 고백하게 될 때 우리 삶에 어떤 변화가 일어나게 됩니까?

우리가 하나님을 자랑할 수 있는 이유는 무엇입니까?

나의 고백

나의 결단

나의 기도

03
PART

예수 그리스도는
어떤 분이신가?
- Ⅰ -

PART 03
예수 그리스도는 어떤 분이신가? - I

개역한글	그 외아들
	우리 주 예수 그리스도를 믿사오니
새번역	나는 그의 유일하신 아들,
	우리 주 예수 그리스도를 믿습니다.

1. 그 외아들

그리스도인들은 주 예수 그리스도를 믿고, 그분의 제자로 살아갑니다. 우리가 예배 시간에 고백하는 사도신경도 그리스도에 대한 믿음의 고백이 채워져 있습니다. 예수님이 누구이신지, 어떻게 태어나셨고 무슨 일을 당하셨는지, 그리고 앞으로 어떻게 다시 오실지를 설명합니다. 우리는 성경과 사도신경을 근거로 예수님을 "그(하나님의) 외아들 우리 주 예수 그리스도"라고 고백합니다.

성경은 예수님을 외아들, 즉 하나님의 독생자(獨生子; his one and only Son, NET)라고 말씀합니다. 여기서 독생자는 특별한 의미를 갖습니다. 바로 예수님이 성부 하나님의 각별한 사랑을 받는 분이요, 성부 하나님과 본질이 같은 성자 하나님이라는 뜻이기 때문입니다. 누구도 성부 하나님과 본질이 같다고 주장할 수 없습니다. 오직 예수님만이 하나님과 본질이 같기에 아들이라고 표현할 수 있습니다. 예수님도 나와 아버지는 하나라고 말씀하셨습니다.

> 하나님이 세상을 이처럼 사랑하사 독생자를 주셨으니 이는 그를 믿는 자마다 멸망하지 않고 영생을 얻게 하려 하심이라 하나님이 그 아들을 세상에 보내신 것은 세상을 심판하려 하심이 아니요 그로 말미암아 세상이 구원을 받게 하려 하심이라(요 3:16-17).
>
> 나와 아버지는 하나이니라 하신대(요 10:30).

예수님은 '태초'(太初; In the beginning, NET; 무에서 유를

창조하신 창조의 시작)에 말씀으로 하나님과 함께 계셨습니다. 성경은 예수님이 곧 하나님이시며, 그 영광이 아버지 독생자의 영광이라고 설명합니다.

> 태초에 말씀이 계시니라 이 말씀이 하나님과 함께 계셨으니 이 말씀은 곧 하나님이시니라 … 말씀이 육신이 되어 우리 가운데 거하시매 우리가 그의 영광을 보니 아버지의 독생자의 영광이요 은혜와 진리가 충만하더라 (요 1:1, 14).

예수님은 창조와 구속 사역에 함께하셨으며 우리에게 하나님을 알게 하시고 하나님께 인도하는 유일한 생명의 길이 되십니다. 특별히 말씀이 육신이 된다는 것은 영원한 신성을 가지신 그대로 예수님이 육신을 입으시고 인간이 되셨다는 것을 의미합니다. 예수님은 우리에게 영원한 생명을 주시기 위해 우리 죄를 대속(代贖; atonement; 대신해서 죄의 값을 갚으셨다는 의미)하셨고, 그를 믿는 자마다 하나님의 자녀가 되게 하십니다.

> 하나님이 세상을 이처럼 사랑하사 독생자를 주셨으니

이는 그를 믿는 자마다 멸망하지 않고 영생을 얻게 하려 하심이라(요 3:16).

2 우리 주

예수님은 하나님과 동등된 분이시지만 아버지의 뜻에 따라 성육신(成肉身, incarnation; 영원하신 하나님이 사람이 된 사건을 의미)을 통해 자신을 비어 죄 많은 우리를 위해 연약한 인간이 되셨습니다. 이에 하나님은 지극히 높여 모든 자들로 예수님을 주라 시인하며 무릎을 꿇게 하셨습니다.

여기서 예수님이 '근본 하나님의 본체'라는 말씀은 예수님이 영원한 하나님이심을 의미하는 뜻으로 하나님의 영광과 권위가 동등하는 뜻입니다. 그리고 '자기를 비워'는 천상의 영광의 특권을 내려놓으시고 하나님 아버지의 뜻에 순복하셨음을 의미합니다. 또한 '종의 형체'는 죄 많은 인류의 모습을 가지셨음을 의미합니다. 예수님이 우리를 위해 영광된 천상의 자리를 버리시고 연약한 자리인 인간이 되셨던 것입니다.

너희 안에 이 마음을 품으라 곧 그리스도 예수의 마음이니 그는 근본 하나님의 본체시나 하나님과 동등됨을 취할 것으로 여기지 아니하시고 오히려 자기를 비워 종의 형체를 가지사 사람들과 같이 되셨고 사람의 모양으로 나타나사 자기를 낮추시고 죽기까지 복종하셨으니 곧 십자가에 죽으심이라 이러므로 하나님이 그를 지극히 높여 모든 이름 위에 뛰어난 이름을 주사 하늘에 있는 자들과 땅에 있는 자들과 땅 아래에 있는 자들로 모든 무릎을 예수의 이름에 꿇게 하시고 모든 입으로 예수 그리스도를 주라 시인하여 하나님 아버지께 영광을 돌리게 하셨느니라(빌 2:5-11).

예수님이 주님이시라는 고백은 예수님이 구원을 주시는 분이심을 고백하는 것입니다.

> 누구든지 주의 이름을 부르는 자는 구원을 받으리라 (롬 10:13).

사도 바울은 하나님이 예수님을 높이셨다는 사실을 강조하면서 이 일이 마땅하다는 사실을 말하였습니다.

모든 무릎을 예수의 이름에 꿇게 하시고 모든 입으로 예수 그리스도를 주라 시인하여 하나님 아버지께 영광을 돌리게 하셨느니라(빌 2:10 하-11).

사도신경은 예수님을 우리의 주로 고백하게 합니다. 이는 우리 삶의 중요한 방향이 됩니다. 그것은 예수님이 나의 삶을 주관하시는 분이란 뜻이기도 하기 때문입니다.

예수님을 나의 주님으로 고백하는 순간 우리는 우리 삶의 권리를 온전히 드리며 순종함으로써 주님의 뜻을 따라야 할 의무를 갖게 됩니다. 예수님을 나의 구주로 고백하는 우리는 이제 주님의 뜻대로, 그 말씀대로 살아야 합니다.

3 예수 그리스도

사도신경은 성자 하나님을 예수 그리스도라고 고백합니다. 여기서 '예수'란 이름은 '구원자'란 뜻을 가지고 있습니다. 천사는 요셉에게 나타나 그의 약혼녀 마리아에게 성령으로 잉태된 아기의 이름을 예수라 하라고 명합니다. 그리고 그 이름이 "자기 백성을 그들의 죄에서 구원할 자"를 뜻한다고 말합니다. 예수님은 우리의 죄를 구원하시기 위해 오신 구원자 되십니다. 그렇기에 우리는 예수님을 소망하며 바라보아야 합니다.

> 아들을 낳으리니 이름을 예수라 하라 이는 그가 자기 백성을 그들의 죄에서 구원할 자이심이라 하니라(마 1:21).

'그리스도'란 이름은 '기름 부음을 받았다'는 뜻입니다. 이스라엘에서 기름 부음은 직분을 위임할 때 시행하는 예식에 사용되었습니다. 여기서 기름 부음이 필요한 직분은 선지자와 대제사장과 왕이었습니다. 예수님은 하나님의 말씀을 받아 백성들에게 가르치신 '선지자'가 되십니다. 또한 예수님은 희생 제물을 들고 하나님 앞에 나아가 백성들의 죄를 용서해 달라고 간구하는 '대제사장'이 되셨습니다. 그뿐 아니라 직접 자신의 몸을 흠 없는 희생 제물로 내어 놓으셨습니다. 그리고 예수님은 하늘과 땅의 모든 권세를 가지신 '왕'으로 등극하셨습니다. 종합하면 그리스도는 성자 하나님, 즉 신성을 강조하는 이름임을 알 수 있습니다.

그렇기 때문에 베드로의 "주는 그리스도시요 살아 계신 하나님의 아들이시니이다"(마 16:16)라는 고백을 예수님이 축복하시며 하나님이 가르쳐 주신 사실이라고 인정하셨던 것입니다.

> 시몬 베드로가 대답하여 이르되 주는 그리스도시요 살아 계신 하나님의 아들이시니이다 예수께서 대답하여 이르시되 바요나 시몬아 네가 복이 있도다 이를 네게 알게 한 이는 혈육이 아니요 하늘에 계신 내 아버지시니라 (마 16:16-17).

예수님은 참 하나님이자 참 사람으로 죄가 없으신 분입니다.

> 우리에게 있는 대제사장은 우리의 연약함을 동정하지 못하실 이가 아니요 모든 일에 우리와 똑같이 시험을 받으신 이로되 죄는 없으시니라(히 4:15).

> ☑ 내용 정리 ☑

예수님은 허물과 죄로 죽었던 우리를 **구원**하시고자 이 땅에 오신 약속된 **메시아**이십니다(엡 2:1). 예수님은 **성자 하나님**이셨음에도 불구하고 천상의 영광의 특권을 내려놓으시고 하나님 아버지의 뜻에 **순종**하여 연약한 인간의 자리로 내려오셨습니다. 그러므로 우리는 예수님을 높이며 우리 구원을 위해 오신 **그리스도**시요, 우리의 **주님**이심을 고백하고 우리 삶의 권리를 온전히 드려야 할 것입니다.

◻ **질문** ◻

예수님이 하나님의 외아들이라는 말씀에서 알 수 있는 사실은 무엇입니까?

우리가 예수님을 주님으로 고백해야 할 이유는 무엇입니까?

예수님이 가지신 세 가지 직분은 무엇입니까?

당신은 예수님을 그리스도요, 살아계신 하나님의 아들로 고백합니까?

나의 고백

나의 결단

나의 기도

04 PART

예수 그리스도는 어떤 분이신가?
- II -

PART 04
예수 그리스도는 어떤 분이신가? -Ⅱ

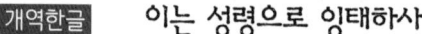

개역한글	이는 성령으로 잉태하사
	동정녀 마리아에게 나시고
새 번 역	그는 성령으로 잉태되어
	동정녀 마리아에게서 나시고

1 성령으로 잉태되신 분

예수님이 성령으로 잉태되셨다는 것은 예수님이 하나님 이심을 증언하는 말씀입니다. 하나님이신 성령에 의해 잉태되셨기 때문에 잉태된 그분은 하나님이요, 그 기원 이 성령이시기 때문에 예수님은 태어나실 때부터 우리 와 다르게 죄가 없으신 분이 됩니다. 이와 같은 사실은 결국 예수님은 신성(神性)과 인성(人性)을 가지신 신-인

(神-人; God-man)이셨음을 나타냅니다. 따라서 예수님은 죄가 없으신 하나님이신 동시에 우리와 동일한 성정을 가진 인간임을 알게 됩니다.

> 예수 그리스도의 나심은 이러하니라 그의 어머니 마리아가 요셉과 약혼하고 동거하기 전에 성령으로 잉태된 것이 나타났더니(마 1:18).

이처럼 예수님이 인간이셔야만 했던 이유는 인간이 죄를 범했을 때 그 범죄에 대한 형벌을 인간이 받아야 했기 때문입니다. 이것이 하나님의 공의입니다. 따라서 인간의 형벌을 대신 받으시기 위해 오신 예수님은 우리와 같은 성정을 가지신 인간이어야만 했습니다. 동시에 하나님 앞에 온전한 제물로 자신을 드리기 위해서는 죄와 흠이 없으셔야만 했습니다.

2. 동정녀 마리아에게 나신 분

사도신경에서 고백하는 '동정녀 마리아'는 마리아가 예

수님을 처녀의 몸으로 잉태하였음을 의미합니다. 천사 가브리엘로부터 아들을 낳게 될 거라는 소식을 들은 마리아는 깜짝 놀랄 수밖에 없었습니다. 그녀는 약혼만 하고 잠자리를 하지 못한 처녀였기 때문입니다. 천사는 그 일이 성령으로 가능하게 될 것이라고 말합니다.

> 성령이 네게 임하시고 지극히 높으신 이의 능력이 너를 덮으시리니 이러므로 나실 바 거룩한 이는 하나님의 아들이라 일컬어지리라(눅 1:35).

왜 예수님은 동정녀에게 나셔야 했을까요? 예수님의 동정녀 탄생은 잃어버린 죄인을 구속하시고 구원하시려는 전체 계획에 가장 중요한 요소였습니다. 그것은 바로 하나님 율법이 요구하는 바였기 때문입니다. 아담의 원죄가 물들지 않은 인성을 가져야만 했습니다. 성령은 마리아를 덮으심으로 이를 가능하게 했습니다.

그렇다고 우리는 마리아를 숭배의 대상으로 삼아서는 안 됩니다. 그녀 역시 예수님을 따라야 할 연약한 인간에 불과했기 때문입니다.

여자들과 예수의 어머니 마리아와 예수의 아우들과 더불어 마음을 같이하여 오로지 기도에 힘쓰더라(행 1:14).

3 우리의 아픔을 공감하시는 분

성경은 예수님이 완전한 인성을 가지고 계시기 때문에 우리의 아픔에 공감하시고, 함께 아파하실 수 있다고 말씀합니다. 우리의 연약함을 함께 겪으셨기 때문에 우리의 마음을 너무 잘 아시고 그 때문에 우리를 도우실 수 있는 것입니다.

우리에게 있는 대제사장은 우리 연약함을 동정(同情, 알아주다, 가여워하다; 공감[共感-자신도 그렇게 느끼다]; 체휼[體恤-처지를 가엽게 여기다], sympathize)하지 못하는 분이 아니요 모든 일에 우리와 한결같이 시험을 받은 자로되 죄는 없으시니라(히 4:15).

이와 같은 사실은 우리가 기도할 때 우리의 아픔과 고통 그리고 외로움을 설명할 필요가 없다는 점에서 우리에게 큰 유익이 됩니다. 주님이 완전한 인간으로서 우리의 모든 일을 경험하시고 느끼셨기 때문입니다.

우리가 예수님이 어떤 분이신지 알게 될 때 우리는 우리가 겪고 있는 상실감, 외로움, 절망감, 답답함을 고백할 수 있게 됩니다. 우리의 모든 일을 겪으신 우리 예수님은 우리의 가장 친한 친구가 되어 주셔서 우리를 이해해 주시고, 공감해 주시고, 위로해 주심으로써 우리가 겪고 있는 힘겨운 유혹과 고난을 이겨낼 수 있도록 해 주실 것입니다.

> 이제부터는 너희를 종이라 하지 아니하리니 종은 주인이 하는 것을 알지 못함이라 너희를 친구라 하였노니 내가 내 아버지께 들은 것을 다 너희에게 알게 하였음이라 (요 15:15).

☑ **내용 정리** ☑

예수님은 **성령**으로 **잉태**되셨기에 우리와 달리 태어나실 때부터 죄가 없으십니다. 예수님이 **완전한 신성과 인성**을 가지신 이유는 하나님의 공의에 따라 자신의 몸을 우리 **죄**를 위한 **완전한 제물**로 드리기 위함이었습니다. 하나님은 이를 위해 예수님을 동정녀 마리아에게 잉태되게 하셨습니다. 예수님이 완전한 신성과 함께 인성을 가지셨다는 사실은 우리에게 큰 위로가 됩니다. 그것은 바로 우리의 아픔을 이해하시고 함께 아파해 주시기 때문입니다. 우리는 우리를 잘 아시는 주님을 의지하며 기도해야 할 것입니다.

? 질문 ?

예수님이 성령으로 잉태되셨다는 사실에서 알 수 있는 것은 무엇입니까?

예수님이 동정녀 마리아에게 나셔야 한 이유는 무엇입니까? 그리고 이를 가능하게 한 역사는 무엇입니까?

우리를 잘 아시는 주님이 우리에게 위로가 되는 이유는 무엇입니까?

당신이 사랑하는 주님께 간절히 간구하고자 하는 기도 제목은 무엇입니까?

나의 고백

나의 결단

나의 기도

05
PART

예수 그리스도는 어떤 분이신가?
- Ⅲ -

PART 05
예수 그리스도는 어떤 분이신가? -Ⅲ

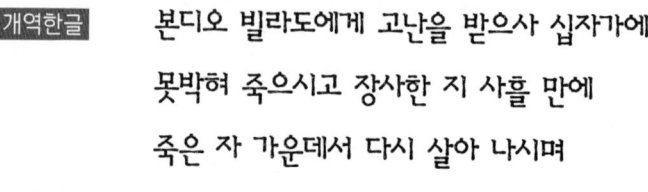

| 개역한글 | 본디오 빌라도에게 고난을 받으사 십자가에 못박혀 죽으시고 장사한 지 사흘 만에 죽은 자 가운데서 다시 살아 나시며 |
| 새 번 역 | 본디오 빌라도에게 고난을 받아 십자가에 못 박혀 죽으시고, 장사된 지 사흘만에 죽은 자 가운데서 다시 살아나셨으며 |

1. 고난을 받으신 분

예수님이 고난을 받으셨다는 표현은 인류의 죄에 대한 하나님의 진노를 온전히 짊어지셨다는 의미입니다. 예수님의 고난이 특별한 이유는 육체적으로 정신적으로 감당할 수 없을 정도로 너무 비참하고 강렬하였기 때문입니다. 예수님은 이 고난의 잔이 너무 혹독하여 겟세마네에서 땀방울이 핏방울이 되기까지 처절하게 기도하셨습니다.

베드로와 세베대의 두 아들을 데리고 가실새 고민하고 슬퍼하사 이에 말씀하시되 내 마음이 매우 고민하여 죽게 되었으니 너희는 여기 머물러 나와 함께 깨어 있으라 하시고 조금 나아가사 얼굴을 땅에 대시고 엎드려 기도하여 이르시되 내 아버지여 만일 할 만하시거든 이 잔을 내게서 지나가게 하옵소서 그러나 나의 원대로 마시옵고 아버지의 원대로 하옵소서 하시고(마 26:37-39).

여기서 등장하는 본디오 빌라도는 로마 관리로서 로마 정부를 대표하는 재판관이었습니다. 빌라도는 예수님이 죄가 없다고 선언함으로써 아무 흠이 없는 분임을 확인시켜 주었습니다.

나는 그에게서 아무 죄도 찾지 못하였노라(요 18:38).

그럼에도 불구하고 그는 유대인들의 압력에 굴복하여 예수님께 십자가형을 선언합니다. 예수님은 아무 죄가 없는 흠 없는 분이셨지만 바로 우리 죄책을 짊어지시기 위해 십자가에 죽게 되셨던 것입니다.

2. 십자가에서 죽으신 분

예수님은 십자가에 달리시기 전 끔찍한 고통을 당하셨습니다. 채찍으로 온몸이 찢기셨고, 손과 발에 못 박혀 그 고통은 끔찍한 수준이 되었습니다. 숨은 점차 가빠지고, 타는 듯한 고통이 피부를 거쳐 온 신경으로 흘러 들어갑니다. 정신이 아득해지지만, 고통은 전혀 줄어들지 않습니다. 그럼에도 예수님을 향한 비난의 소리가 계속 들려옵니다. 머리를 흔들며 비아냥대며 업신여기는 사람들, 손짓과 표정으로 괴롭히는 사람들, 침을 뱉으며 모욕하는 사람들, 모두가 예수님의 마음을 아프게 했습니다(마 27:39-44).

예수님은 십자가 위에서 하나님께 자신의 고통을 고백합니다.

> 나의 하나님 어찌하여 나를 버리셨나이까?(막 15:34).

베드로는 예수님 죽음의 책임이 바로 우리에게 있음을 분명히 하였습니다.

그런즉 이스라엘 온 집은 확실히 알지니 너희가 십자가에 못 박은 이 예수를 하나님이 주와 그리스도가 되게 하셨느니라 하니라(행 2:36).

예수님의 십자형은 율법의 저주와 관계됩니다. 바로 율법의 저주를 받은 우리를 위해 십자가형을 받으신 것입니다.

그리스도께서 우리를 위하여 저주를 받은 바 되사 율법의 저주에서 우리를 속량하셨으니 기록된 바 나무에 달린 자마다 저주 아래에 있는 자라 하였음이라(갈 3:13).

예수님은 자기 백성의 죄를 짊어지시기 위해 십자가에 달리셨습니다. 예수님의 고난과 죽음은 대속의 고난과 죽음으로, 우리의 구원을 이루어 가시는 신비한 방편이었습니다(사 53:3-6, 12).

그는 멸시를 받아 사람들에게 버림받았으며 간고를 많이 겪었으며 질고를 아는 자라 마치 사람들이 그에게서 얼굴을 가리는 것 같이 멸시를 당하였고 우리도 그를 귀히 여기지 아니하였도다 그는 실로 우리의 질고를 지고 우리의 슬픔을 당하였거늘 우리는 생각하기를 그는 징벌을 받아 하나님께 맞으며 고난을 당한다 하였노라 그가 찔림은 우리의 허물 때문이요 그가 상함은 우리의 죄악 때문이라 그가 징계를 받으므로 우리는 평화를 누리고 그가 채찍에 맞으므로 우리는 나음을 받았도다 우리는 다 양 같아서 그릇 행하여 각기 제 길로 갔거늘 여호와께서는 우리 모두의 죄악을 그에게 담당시키셨도다(사 53:3-6).

예수님은 쓸개 탄 포도주를 거절하셨습니다. 이는 죄수에게 주는 긍휼로서 고통을 감경해 주는 일종의 마취제 역할을 담당했습니다. 예수님은 세상의 자비를 거절하시고 온전히 고통을 받으셨습니다. 온전한 정신으로 대속 사역을 감당하기를 원하셨기 때문입니다.

몰약을 탄 포도주를 주었으나 예수께서 받지 아니하시니라(막 15:23).

온 땅에 어둠이 임하였습니다. 그리고 예수님은 크게 소리 지르시며 죽음을 맞이하셨습니다(막 15:33-34).

3 다시 살아나신 분

사람들은 예수님의 부활을 막고자 큰 돌로 무덤 입구를 막고 봉인한 후 경비병으로 지키게 하였습니다(마 27:64-66).

그렇지만 그들은 예수님을 막을 수 없었습니다. 예수님은 사망을 이기시고 다시 살아나셨습니다. 수많은 증인들이 부활하신 예수님을 목격하였고 증언하였습니다. 그렇습니다. 예수님은 부활하심으로써 죽음의 권세에서 승리하셨고, 잠자는 자들의 첫 열매가 되었으며, 우리로 하여금 부활에 참여할 수 있는 산 소망을 주셨습니다. 예수님의 부활로 예수님을 믿는 우리는 부활할 것을 확신할 수 있게 되었습니다. 이제 우리는 사망 권세를 이기시고 다시 사신 우리 주님께 감사와 찬양을 드려야 할 것입니다.

> 그러나 이제 그리스도께서 죽은 자 가운데서 다시 살아나사 잠자는 자들의 첫 열매가 되셨도다(고전 15:20).

우리 주 예수 그리스도의 아버지 하나님을 찬송하리로다 그의 많으신 긍휼대로 예수 그리스도를 죽은 자 가운데서 부활하게 하심으로 말미암아 우리를 거듭나게 하사 산 소망이 있게 하시며 썩지 않고 더럽지 않고 쇠하지 아니하는 유업을 잇게 하시나니 곧 너희를 위하여 하늘에 간직하신 것이라 너희는 말세에 나타내기로 예비하신 구원을 얻기 위하여 믿음으로 말미암아 하나님의 능력으로 보호하심을 받았느니라(벧전 1:3-5).

☑ **내용 정리** ☑

예수님은 우리의 죄에 대한 하나님의 진노를 온전히 짊어지셨기에 큰 고난의 삶을 사셨습니다. 아무 죄가 없다는 로마 정부를 대표하는 재판관 빌라도의 선언에도 불구하고 십자가형을 받아 처절한 고통을 당하셨습니다. 율법의 저주에 해당하는 십자가형을 받으신 예수님은 우리를 속량하기 위해 온전한 정신으로 고통을 당하시다 죽음을 맞이하셨습니다. 사람들은 예수님의 부활을 막고자 큰 돌로 막고 경비를 세웠지만 막을 수 없었습니다. 예수님은 죽음의 권세에서 **승리**하셨고 잠자는 자들의 **첫 열매**이자 우리로 **부활**에 참여하게 하시는 **산 소망**이 되어 주셨습니다.

[?] **질문** [?]

예수님이 짊어지신 고난은 어떤 의미가 있습니까?

예수님이 선고받으신 십자가형은 어떤 의미가 있습니까?

왜 예수님은 몰약탄 포도주를 거절하셨습니까?

예수님의 부활이 우리에게 소망이 되는 이유는 무엇입니까?

나의 고백

나의 결단

나의 기도

06
PART

예수 그리스도는 어떤 분이신가?
- IV -

PART 06
예수 그리스도는 어떤 분이신가? -IV

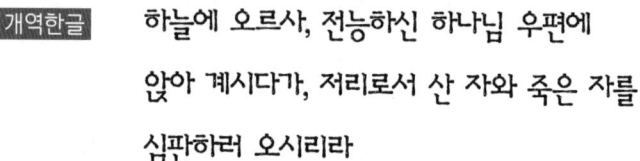

개역한글	하늘에 오르사, 전능하신 하나님 우편에 앉아 계시다가, 저리로서 산 자와 죽은 자를 심판하러 오시리라
새번역	하늘에 오르시어 전능하신 아버지 하나님 우편에 앉아 계시다가, 거기로부터 살아있는 자와 죽은 자를 심판하러 오십니다.

1 승천하신 분

부활하신 예수님은 제자들을 만나 부활의 증인이 될 수 있도록 하셨습니다. 그리고 40일 후 예수님은 마지막으로 제자들에게 이 땅에서 주님의 일을 행할 것을 명하셨습니다. 바로 복음을 전하고 모든 민족을 제자로 삼아 세례를 베풀고 그 말씀을 가르쳐 지키게 하는 것입니다. 그리고 주님은 세상 끝날까지 우리와 항상 함께 계시겠다고 약속하셨습니다.

예수께서 나아와 말씀하여 이르시되 하늘과 땅의 모든 권세를 내게 주셨으니 그러므로 너희는 가서 모든 민족을 제자로 삼아 아버지와 아들과 성령의 이름으로 세례를 베풀고 내가 너희에게 분부한 모든 것을 가르쳐 지키게 하라 볼지어다 내가 세상 끝날까지 너희와 항상 함께 있으리라 하시니라(마 28:18-20).

이 말씀을 마치신 후 예수님은 제자들이 보는 앞에서 하늘로 승천하셨습니다.

이 말씀을 마치시고 그들이 보는데 올려져 가시니 구름이 그를 가리어 보이지 않게 하더라 올라가실 때에 제자들이 자세히 하늘을 쳐다보고 있는데 흰 옷 입은 두 사람이 그들 곁에 서서 이르되 갈릴리 사람들아 어찌하여 서서 하늘을 쳐다보느냐 너희 가운데서 하늘로 올려지신 이 예수는 하늘로 가심을 본 그대로 오시리라 하였느니라(행 1:9-11).

하지만 예수님이 하늘로 오르실 때 구름이 가렸습니다. 성경에서 구름은 하나님의 영광 또는 하나님의 임재가 나타날 때의 현상이었습니다(왕상 8:10-11). 예수님을 가린 이 구름은 하나님 임재를 나타내었던 임재의 구름과 같은 성격으로, 영광으로 가득하신 만왕의 왕이신 예수님의 권능의 모습을 보여 주었습니다. 이제 예수님은 더는 고난받으시는 종이 아닌 천상에서 왕이요, 대제사장이요, 선지자로서 역할을 하시게 된 것입니다. 따라서 예수님은 천상에서 왕으로서 세상을 다스릴 것이요, 대제사장으로서 성도들을 위해 간구하실 것이며, 선지자로서 하나님 말씀을 전하실 것입니다.

2 하나님 우편에 앉아 계신 분

예수님은 승천하신 후 하나님의 우편에 앉으셨습니다. 성경에서 우편, 즉 오른편은 권능을 의미합니다. 이는 예수님께 다스릴 권한이 있으시다는 의미가 됩니다. 천상에 오르신 예수님은 이제 왕으로 등극하여 왕권을 행사하는 자리에 계시게 된 것입니다. 예수님은 이제 하나님의 능력과 권세로서 만물을 다스리게 되었습니다.

누가 정죄하리요 죽으실 뿐 아니라 다시 살아나신 이는 그리스도 예수시니 그는 하나님 우편에 계신 자요 우리를 위하여 간구하시는 자시니라(롬 8:34).

스데반은 순교를 당하기 전 예수님의 왕권을 뚜렷하게 보고 그 권능에 힘입어 위로를 받았습니다. 그렇기 때문에 그는 원수를 용서하라고 하신 예수님의 말씀(눅 6:27-28)을 따라 용서하며 자신을 죽이는 자들을 위해 기도할 수 있었던 것입니다.

그들이 돌로 스데반을 치니 스데반이 부르짖어 이르되 주 예수여 내 영혼을 받으시옵소서 하고 무릎을 꿇고 크게 불러 이르되 주여 이 죄를 그들에게 돌리지 마옵소서 이 말을 하고 자니라(눅 7:59-60).

우리는 예수님의 다스리심을 기억하며, 언제나 우리의 눈이 열려 예수님의 왕권을 볼 수 있도록 기도해야 할 것입니다.

3 심판 주로 다시 오실 분

예수 그리스도께서는 만왕의 왕이요, 만주의 주요, 자기 교회의 머리로서 하나님 우편에 앉아 계십니다. 따라서 우리 그리스도인들은 예수님이 다시 오실 날을 바라보고 있습니다. 성경은 그때가 언제인지 정확히 말씀하지 않습니다. 하지만 그날 이 세상엔 큰 격변이 있을 것이며 세상의 끝날이 될 것입니다.

성경은 예수님이 승천하신 것으로 그치지 않고 살아 있는 자와 죽은 자를 심판하러 다시 오신다고 말씀합니다.

> 한번 죽는 것은 사람에게 정해진 것이요 그 후에는 심판이 있으리니 이와 같이 그리스도도 많은 사람의 죄를 담당하시려고 단번에 드리신 바 되셨고 구원에 이르게 하기 위하여 죄와 상관 없이 자기를 바라는 자들에게 두 번째 나타나시리라 (히 9:27-28).

부활하신 그리스도는 하늘과 땅의 모든 권세를 얻으셨습니다 (마 28:18). 이 주님이 인류의 심판자로 다시 오실 것입니다. 산 자와 죽은 자 곧 인류 모두는 부활하여 심판대 앞에 서게 될 것입니다.

> 이를 놀랍게 여기지 말라 무덤 속에 있는 자가 다 그의 음성을 들을 때가 오나니 선한 일을 행한 자는 생명의 부활로, 악한 일을 행한 자는 심판의 부활로 나오리라(요 5:28-29).

> 보라 내가 속히 오리니 내가 줄 상이 내게 있어 각 사람에게 그가 행한 대로 갚아 주리라(계 22:12).

우리는 하나님의 심판대 앞에 서신 주 예수 그리스도를 바라봅니다. 예수님이 바로 우리를 위해 십자가에서 정죄를 받으셨기 때문입니다. 우리는 예수님의 공로로 생명의 부활을 얻고, 영원한 생명에 참여하게 될 것입니다. 이 나라에서 우리는 세상의 질고와 슬픔과 고통으로 흘렸던 모든 성도의 눈물을 씻어 주시는 하나님의 위로를 받게 될 것입니다. 더는 사망이나 애통하는 것이나 곡하는 것, 아픈 것이 있지 않게 될 것입니다.

내가 들으니 보좌에서 큰 음성이 나서 이르되 보라 하나님의 장막이 사람들과 함께 있으매 하나님이 그들과 함께 계시리니 그들은 하나님의 백성이 되고 하나님은 친히 그들과 함께 계셔서 모든 눈물을 그 눈에서 닦아 주시니 다시는 사망이 없고 애통하는 것이나 곡하는 것이나 아픈 것이 다시 있지 아니하리니 처음 것들이 다 지나갔음이러라(계 21:3-4).

☑ **내용 정리** ☑

부활하신 예수님은 제자들에게 **부활의 증인**이 되어 **복음**을 전할 것을 명하셨습니다. 그리고 제자들이 보는 앞에서 하늘로 승천하셨습니다. 예수님은 이제 하나님 우편에서 **대제사장**으로서 성도들을 위해 간구하시고, **왕**으로서 만물을 다시리시며, **선지자**로서 하나님의 말씀을 전하실 것입니다. 예수님은 하나님 우편에 **만왕의 왕**이요, **만주의 주**요, **교회의 머리**로서 계시다가 마지막 날 **심판 주**로 오실 것입니다. 우리는 우리를 위해 십자가에서 정죄받으신 예수님을 바라보며, 그 공로로 생명의 부활을 얻어 하나님 나라에서 영원한 생명에 참여하게 될 것입니다.

❓ 질문 ❓

예수님이 승천하시기 전 우리에게 명하신 말씀은 무엇입니까? 우리가 이 땅에서 해야 할 일은 무엇이라고 생각합니까?

예수님이 하늘로 올라가실 때 보이지 않게 막아선 구름은 무엇을 상징합니까?

예수님이 하나님 우편에 앉아 계신다는 사실은 무엇을 의미합니까?

우리가 오히려 마지막 날, 심판의 날을 소망할 수 있는 이유는 무엇입니까? 마지막 날 우리가 얻을 수 있는 위로는 무엇입니까?

나의 고백

나의 결단

나의 기도

PART 07

성령님은 어떤 분이신가?

PART 07
성령님은 어떤 분이신가?

개역한글	성령을 믿사오며
새번역	나는 성령을 믿으며

1. 하나님이십니다

성령님은 성부 하나님, 성자 예수님과 함께 하나님이십니다. 성경은 세례를 줄 때도 성부와 성자와 성령의 이름으로 주는 것을 보여 줍니다.

> 그러므로 너희는 가서 모든 민족을 제자로 삼아 아버지와 아들과 성령의 이름으로 세례를 베풀고 (마 28:19).

또한 축복할 때도 성부와 성자와 성령의 이름으로 합니다.

주 예수 그리스도의 은혜와 하나님의 사랑과 성령의 교통하심이 너희 무리와 함께 있을지어다(고후 13:13).

사도신경에서 우리는 성부 하나님, 성자 예수님과 함께 성령 하나님을 배웁니다. 성령님은 하나님과 계속해서 동행하도록 우리에게 필요한 것을 제공하십니다. 우리를 성화시키시고, 생각과 행동을 거룩하게 하시며, 하나님의 말씀을 이해하게 하여 그 말씀으로 살고 전할 수 있게 하십니다.

2 보혜사이십니다

승천하시기 전에 예수님은 남아 있는 제자들에게 성령님의 오심을 약속하셨습니다. 그것은 제자들이 예수님 없이 홀로 남은 사역을 감당하는 것이 너무 두려운 일이었기 때문입니다. 예수님은 그들을 고아처럼 버려두지 않겠다고 약속하셨습니다(요 14:18). 이는 그들이 남은 사역을 감당할 수 있게 하기 위함이었습니다.

> 오직 성령이 너희에게 임하시면 너희가 권능을 받고 예루살렘과 온 유대와 사마리아와 땅 끝까지 이르러 내 증인이 되리라 하시니라(행 1:8).

그리고 예수님은 보내실 성령님이 보혜사(保惠師)라고 설명하십니다. 이는 보호하고, 은혜를 주시며, 가르치시는 분이라는 뜻입니다.

> 내가 아버지께 구하겠으니 그가 또 다른 보혜사를 너희에게 주사 영원토록 너희와 함께 있게 하리니…보혜사 곧 아버지께서 내 이름으로 보내실 성령 그가 너희에게 모든 것을 가르치고 내가 너희에게 말한 모든 것을 생각나게 하리라(요 14:16, 26).

성령님은 예수님에 대해 가르치시고 생각나게 해 주시며, 우리와 교제하고 함께하심으로써 우리를 도우십니다. 우리가 고난의 한계를 뛰어넘기 위해서는 성령님을 의지해야 합니다.

3   우리 안에 거하십니다

예수님은 약속대로 오실 성령님이 제자들과 함께 계시고 나아가 그들 안에 거하실 것이라고 말씀하셨습니다. 이것은 성령님이 믿음으로 예수 그리스도에게 속한 모든 사람 안에 거하신다는 의미입니다.

  우리가 아무리 담대하다고 해도, 굳은 의지를 가지고 있다고 해도, 신실한 마음을 가지고 있다고 해도, 진실한 말만 한다고 해도 우리의 능력으로는 세상의 어려움을 능히 감당할 수 없습니다. 우리의 욕심이, 연약함이, 주변의 공격이 우리를 가만히 두지 않기 때문입니다. 게다가 사탄의 도전은 너무나 강력합니다. 하지만 우리에게는 우리 안에 거하시는 성령님이 계십니다. 이 성령님은 우리 안에 온전히 임재해 계심으로 세상 끝날까지 영원히 함께하심으로써 우리가 죄와 싸우고 세상에 지지 않도록 은혜와 사랑을 베풀어 주십니다.

  그러나 너희는 그를 아나니 그는 너희와 함께 거하심이요 또 너희 속에 계시겠음이라 내가 너희를 고아와 같이 버려두지 아니하고 너희에게로 오리라(요 14:17하-18).

4 가르치십니다

예수님은 성령님이 수행하실 주요 역할을 말씀하셨습니다. 그것은 곧 성령님이 그리스도를 믿는 모든 사람에게 임하여 성경의 말씀과 예수님이 전한 복음을 생각나게 하시고, 예수님의 가르침이 계속되게 하시리라는 것이었습니다.

> 보혜사 곧 아버지께서 내 이름으로 보내실 성령 그가 너희에게 모든 것을 가르치고 내가 너희에게 말한 모든 것을 생각나게 하리라(요 14:26).

우리는 연약해서 주님의 말씀을 아무리 들려주어도 잊어버리곤 합니다. 또한 세상의 바쁜 일과 고된 삶이, 그리고 시험이 우리를 그냥 두지 않습니다. 하지만 성령님이 우리와 함께하심으로 우리를 인도하실 때 우리는 주님의 말씀을 기억하고 깨우치게 됩니다. 평소에 듣고 읽은 성경이 우리에게 펼쳐지고 우리 삶에 감동을 주심으로써 주님이 기뻐하시는 길을 가게 합니다. 따라서 우리는 성경을 읽을 때도, 말씀을 들을 때도 성령님의 가르치심과 인도하심을 구해야 합니다. 성령님이 우리 마음을 움직여 주실 때 우리는 마음이 열려 하나님의 말씀을 믿게 되고 그 말씀의 능력으로 살아가게 될 것입니다.

5 죄를 깨닫게 하십니다

성령님은 우리의 죽은 양심을 깨워서 우리의 죄를 깨닫게 하십니다. 죄의 본질을 깨닫지 못하면 우리는 복음의 의미를 알 수 없습니다. 자신이 죄인임을 진심으로 고백하지 않는 사람은 구원을 받을 수 없습니다. 성령님은 우리로 이와 같은 사실을 깨닫게 하시고 예수님을 나의 구원자로 영접하게 하십니다.

> 그가 와서 죄에 대하여, 의에 대하여, 심판에 대하여 세상을 책망하시리라(요 16:8).

사람들은 자신이 죄인인지 아닌지 모르겠다고 말할 수도 있습니다. 하지만 우리 안에 계신 성령님이 죄를 깨닫게 하실 때 비로소 우리의 죄를 주님께 고할 수 있게 됩니다. 우리가 우리의 죄를 깨닫고 나의 죄인 됨을 인정하고 이 죄에서 벗어날 방법이 없음을 고백하게 될 때 우리는 나의 죄를 위해 십자가에서 돌아가신 예수 그리스도를 바라보게 될 것입니다.

6 구원의 보증이 되십니다

성령님은 우리가 하나님의 특별한 소유가 된다는 표식을 주십니다. 이는 하나님의 권세가 함께 한다는 증거가 됩니다. 성령님이 우리의 보증이 되어 주실 때 우리는 성령님이 구속의 날까지 책임져 주신다는 확신을 갖게 됩니다. 바로 우리가 구원 받을 것이라는 미래적 보증이 된다는 의미입니다. 우리는 성령님의 구원의 보증으로 인해 예수 그리스도와 함께 상속자가 되는 확신을 얻게 됩니다.

> 그가 또한 우리에게 인치시고 보증으로 우리 마음에 성령을 주셨느니라(고후 1:22).

> 성령이 친히 우리의 영과 더불어 우리가 하나님의 자녀인 것을 증언하시나니 자녀이면 또한 상속자 곧 하나님

의 상속자요 그리스도와 함께 한 상속자니 우리가 그와 함께 영광을 받기 위하여 고난도 함께 받아야 할 것이니라(롬 8:16-17).

또한 성령님으로 우리는 썩지 않을 부활의 보증과 영원한 안식처를 보장 받게 됩니다.

> 만일 땅에 있는 우리의 장막 집이 무너지면 하나님께서 지으신 집 곧 손으로 지은 것이 아니요 하늘에 있는 영원한 집이 우리에게 있는 줄 아느니라 참으로 우리가 여기 있어 탄식하며 하늘로부터 오는 우리 처소로 덧입기를 간절히 사모하노라…곧 이것을 우리에게 이루게 하시고 보증으로 성령을 우리에게 주신 이는 하나님이시니라(고후 5:1-2, 5).

성령님의 보증으로 우리는 오늘도 확신 가운데 신앙생활 할 수 있게 됩니다. 성령님으로 우리는 그리스도로 인해 받은 죄사함과 구원의 은혜가 흔들리지 않고 영원히 보장되는 것을 확신합니다. 이 은혜가 있기에 오늘도 우리는 하나님의 나라를 사모하며 이 땅에서의 고난을 기쁨으로 이길 수 있게 됩니다.

7 열매를 맺게 하십니다

성령님은 매 순간 우리 안에서 일하시고 우리를 변화시켜 그리스도의 형상을 닮게 하십니다. 따라서 우리가 성령님의 인도하심을 따라 살아가게 될 때 성령의 열매를 맺게 됩니다. 갈라디아서는 이 은혜를 '사랑', '희락'(기쁨, joy), '화평'(평화, peace), '오래 참음'(인내, patience), '자비'(친절, kindness) '양선'(선[善], goodness), '충성', '온유'(온화, gentleness), '절제'라고 소개합니다. 성령의 열매는 한순간에 모두 맺을 수 있는 건 아닙니다. 평생의 믿음 생활을 통해 이루어 가게 됩니다. 우리가 성령님으로 인도함을 받는 성령충만의 삶을 살게 될 때 예수님을 주님이라 고백하며 옛 습관을 버리고 성령의 열매를 맺게 될 것입니다.

> 오직 성령의 열매는 사랑과 희락과 화평과 오래 참음과 자비와 양선과 충성과 온유와 절제니 이같은 것을 금지할 법이 없느니라(갈 5:22-23).

☑ 내용 정리 ☑

성령님은 **보혜사**로서 그리스도에게 속한 모든 사람 안에 거하시며 **보호해 주시고**, **은혜**를 베푸시며, **가르치시는 분**입니다. 우리는 성령님으로 인해 말씀을 기억하고 깨달으며 그 말씀대로 살아가게 됩니다. 또한 죄를 깨닫게 하시는 은혜로 오직 십자가에 돌아가신 예수 그리스도를 바라보게 됩니다. 성령님이 우리에게 더욱 소중한 이유는 우리가 **하나님의 특별한 소유**가 된다는 **표식**을 주시기 때문입니다. 성령님이 우리의 보증이 되어 주심으로 인해 우리는 예수 그리스도와 함께 상속자가 되어 **부활의 확신**을 얻게 됩니다. 그리고 하나님 나라를 사모하며 이 땅에서의 고난을 이기게 됩니다. 따라서 우리는 **성령님의 인도하심**을 따라 성령충만의 삶 가운데 **성령의 열매**를 맺는 삶을 살아야 할 것입니다.

? 질문 ?

우리 안에 거하시는 성령님으로 얻게 되는 은혜는 무엇입니까?

우리가 성경을 읽을 때, 성경 말씀을 들을 때 성령님을 의지해야 하는 이유는 무엇입니까?

우리는 어떻게 죄를 깨닫고 십자가에 달리신 예수 그리스도를 바라볼 수 있게 됩니까?

당신이 신앙생활 중 맺게 된 성령의 열매는 무엇입니까?

나의 고백

나의 결단

나의 기도

PART 08

거룩한 공회와 성도의 교통

PART 08
거룩한 공회와 성도의 교통

개역한글 거룩한 공회와,
　　　　　성도가 서로 교통하는 것과
새 번 역 거룩한 공교회와 성도의 교제와

1. 거룩한 공동체로 부르셨습니다

하나님은 우리를 살아 계신 하나님을 섬기도록 부르셨습니다. 특별히 그 부르심은 거룩으로 세상과 구별된 공동체가 되도록 하셨습니다.

> 나는 너희의 하나님이 되려고 너희를 애굽 땅에서 인도하여 낸 여호와라 내가 거룩하니 너희도 거룩할지어다(레 11:45).

하나님은 또한 우리를 그리스도 안에서 택하셨습니다(엡 1:3-4). 하나님은 우리의 외모나 학벌, 재력, 건강을 보시지 않습니다. 우리에게 특별한 자격을 요구하지 않으셨습니다. 오직 은혜로 그리스도 안에서 우리를 택하신 것입니다.

> 찬송하리로다 하나님 곧 우리 주 예수 그리스도의 아버지께서 그리스도 안에서 하늘에 속한 모든 신령한 복을 우리에게 주시되 곧 창세 전에 그리스도 안에서 우리를 택하사 우리로 사랑 안에서 그 앞에 거룩하고 흠이 없게 하시려고 그 기쁘신 뜻대로 우리를 예정하사 예수 그리스도로 말미암아 자기의 아들들이 되게 하셨으니 이는 그가 사랑하시는 자 안에서 우리에게 거저 주시는 바 그의 은혜의 영광을 찬송하게 하려는 것이라(엡 1:3-6).

그리고 하나님은 주는 그리스도시요 살아계신 하나님의 아들이시라는 신앙고백 위에 교회를 세우셨습니다.

> 시몬 베드로가 대답하여 이르되 주는 그리스도시요 살아 계신 하나님의 아들이시니이다(마 16:16).

예수님은 죄 가운데 신음하고 있던 우리를 자신의 핏값으로 속량시켜 주시고, 우리를 부르셔서 죄를 용서해 주시고 함께 모여 예배드리도록 하셨습니다.

또 내가 네게 이르노니 너는 베드로라 내가 이 반석 위에 내 교회를 세우리니 음부의 권세가 이기지 못하리라 (마 16:18).

2 교회는 거룩한 공회입니다

사도신경에서 "거룩한 공회"라는 뜻은 예수 그리스도를 교회의 머리로 고백하는 전 세계의 모든 교회가 하나라는 의미입니다. 다시 말해 예수 그리스도를 유일한 구주로 고백하며 예수님을 무형교회(과거, 현재, 미래에 있어서 교회의 머리 되신 그리스도 아래 하나로 모이는 택함받은 모든 사람들로 구성된 보편교회-불가시적 교회)와 유형교회(동일한 하나의 지역 안에서 그리스도인들이 함께 모여 형성하는 교회-가시적 교회)의 머리이자 통치자이심을 믿는 지상의 모든 교회라면 하나의 교회라고 믿는 신앙고백입니다.

예수님을 구주로 믿고, 교회의 머리되심을 고백하는 모든 교회는 하나로 서로 사랑하는 모습을 가져야 합니다.

그의 능력이 그리스도 안에서 역사하사 죽은 자들 가운데서 다시 살리시고 하늘에서 자기의 오른편에 앉히사 모든 통치와 권세와 능력과 주권과 이 세상뿐 아니라 오는 세상에 일컫는 모든 이름 위에 뛰어나게 하시고 또 만물을 그의 발 아래에 복종하게 하시고 그를 만물 위에 교회의 머리로 삼으셨느니라 교회는 그의 몸이니 만물 안에서 만물을 충만하게 하시는 이의 충만함이니라 (엡 1:20-23).

3. 교회는 성도가 교통합니다

사도신경에서 말하는 교통은 공감적인 관계를 뜻하는 의미로, 보다 깊은 사귐과 나눔을 가리킵니다. 우리는 한 성령을 받은 성도로서 서로 마음을 나누고 그 안에서 깊은 사귐을 가져야 합니다.

주 예수 그리스도의 은혜와 하나님의 사랑과 성령의

교통하심이 너희 무리와 함께 있을지어다(고후 13:13).

우리는 교회 안에서 친밀함을 배우며 서로의 기쁨과 슬픔에 공감하게 됩니다. 예수 그리스도께서 자신을 우리에게 내어 주신 것처럼 우리는 서로를 사랑하며, 상대방의 아픔을 나의 아픔처럼 느끼고 함께 마음을 나누어야 합니다.

> 너희도 성령 안에서 하나님이 거하실 처소가 되기 위하여 그리스도 예수 안에서 함께 지어져 가느니라(엡 2:22).

> 너희가 짐을 서로 지라 그리하여 그리스도의 법을 성취하라(갈 6:2).

우리는 그리스도 안에서 서로 사랑을 나누고 서로 격려하며 마음을 나누어야 합니다. 힘들 때 함께 아파하고, 기쁠 때 함께 기뻐해야 합니다. 하나님은 사랑이십니다. 하나님이 우리를 사랑하신 것같이 우리도 서로 사랑하는 것이 마땅합니다. 우리가 사랑 안에 거할 때 하나님도 그 안에 거하시게 됩니다.

하나님이 우리를 사랑하시는 사랑을 우리가 알고 믿었노니 하나님은 사랑이시라 사랑 안에 거하는 자는 하나님 안에 거하고 하나님도 그의 안에 거하시느니라(요일 4:16).

또한 우리의 사랑에는 행함과 진실함이 따라야 합니다. 고난을 받는 형제 자매가 있다면 마땅히 도와야 합니다. 마음을 닫아 버리고 우리 유익에 따라 움직인다면 하나님의 사랑이 우리 안에 거할 수 없습니다.

자녀들아 우리가 말과 혀로만 사랑하지 말고 행함과 진실함으로 하자(요일 3:18).

우리는 서로 용납하고 서로 용서해야 합니다. 그리고 이 모든 것 위에 사랑을 더해 서로 견고히 하나가 되어야 합니다.

누가 누구에게 불만이 있거든 서로 용납하여 피차 용서하되 주께서 너희를 용서하신 것 같이 너희도 그리하고 이 모든 것 위에 사랑을 더하라 이는 온전하게 매는 띠니라(골 3:13-14).

☑ 내용 정리 ☑

하나님은 우리를 살아 계신 하나님을 섬기도록 **거룩한 공동체**로 부르셨습니다. 이 부르심은 예수님은 그리스도요 살아계신 하나님의 아들이시라는 신앙고백을 기초로 합니다. 우리는 예수 그리스도를 유일한 구주로 고백하며 진리를 따라야 합니다. 또한 우리는 교회 안에서 **친밀함**을 배우며 **서로 사랑**하고 상대방의 아픔을 나의 아픔으로 **공감**하며 마음을 나누어야 합니다. 우리가 이처럼 사랑할 때 하나님은 우리 안에 거하시게 됩니다. 우리는 주 안에서 **변화된 사람**으로서 땅에 있는 지체를 죽이고 위의 것, 즉 긍휼과 자비와 겸손과 온유와 오래 참음과 용서함을 가져야 할 것입니다.

❓ **질문** ❓

우리 교회가 가지고 있는 신앙고백은 무엇을 기초로 하고 있습니까?

하나님께서 우리를 택하신 이유는 무엇입니까?

우리가 서로를 사랑하고 서로의 아픔에 공감해야 하는 이유는 무엇입니까?

우리가 버려야 할 것들과 찾아야 할 것은 무엇입니까?

나의 고백

나의 결단

나의 기도

09
PART

죄를 사하여 주시는 것

PART 09
죄를 사하여 주시는 것

| 개역한글 | 죄를 사하여 주시는 것과 |
| 새 번 역 | 죄를 용서 받는 것과 |

1. 모든 인간은 죄인입니다

죄는 에덴동산에 있던 최초의 인간, 아담과 하와로부터 시작되었습니다(창 3:1-19).

이들은 동산 가운데 선악을 알게 하는 나무 열매를 먹지 말라는 하나님의 말씀에 불순종함으로써 이 세상에 죄가 들어오게 하였습니다. 이들은 하나님의 말씀을 의심했고, 그들을 유혹한 뱀의 말을 따라 하나님처럼 되고자 하였습니다(창 3:5). 그들은 자신을 창조한 하나님을 신뢰하지 않고 자신의 기준에 따라 말씀을 해석하여, 하나님 자리에 자신을 놓으려고 시도하였던 것입니다.

이와 같은 아담의 죄를 시작으로 우리는 죄의 본성을 가지게 되었고, 죄의 부패함이 우리 안에 거하게 되었으며 이 저주는 피조 세계 구석구석까지 영향을 끼치게 되었습니다.

따라서 성경은 모든 사람이 죄를 범하여 하나님의 영광에 이르지 못하였다고 말합니다.

> 모든 사람이 죄를 범하였으매 하나님의 영광에 이르지 못하더니(롬 3:23).

그리고 죄로 인해 사망이 찾아왔습니다.

> 죄의 삯은 사망이요 하나님의 은사는 그리스도 예수 우리 주 안에 있는 영생이니라(롬 6:23).

2 죄는 두려움을 제공합니다

우리는 죄 가운데서 태어났기에 어느 누구도 거룩하신 하나님 앞에 설 수 없습니다. 우리에게 의로움이 없기 때문입니다. 하나님의 심판은 우리에게 두려움이 아닐 수 없습니다. 성경을 보면 다윗 왕 역시 죄로 인해 두려움으로 떨고 있었던 것을 보게 됩니다. 그는 하나님께 지은 죄로 인해 양심에 큰 가책을 겪게 되었습니다. 그의 죄과는 지워지지 않고 언제든지 그를 괴롭혔습니다. 머릿속에 언제나 자신이 지은 죄가 떠올랐습니다. 하지만 그는 자신의 죄를 홀로 짊어져야만 했습니다. 죄과는 인간의 힘으로 해결할 수 없기 때문입니다.

오직 다윗에게 남아 있는 소망은 하나님의 인자하심과 긍휼하심이었습니다. 죄악 가운데 태어난 그가, 말할 수 없는 죄를 지은 그가 어떻게 의롭다하심을 얻을 수 있을까요? 용서와 회복을 베푸시는 하나님의 인자하심과 긍휼하심만이 그의 참된 소망이 되었습니다.

하나님이여 주의 인자를 따라 내게 은혜를 베푸시며 주의 많은 긍휼을 따라 내 죄악을 지워 주소서 나의 죄악을 말갛게 씻으시며 나의 죄를 깨끗이 제하소서 무릇 나는 내 죄과를 아오니 내 죄가 항상 내 앞에 있나이다 내가 주께만 범죄하여 주의 목전에 악을 행하였사오니 주께서 말씀하실 때에 의로우시다 하고 주께서 심판하실 때에 순전하시다 하리이다(시 51:1-4).

다윗은 하나님께 정한 마음을 창조해 달라고, 정직한 영을 새롭게 해 달라고 기도합니다. 마음에 죄가 있을 때 그 마음이 더러워지고 영혼이 피폐해지기 때문입니다. 따라서 다윗은 주의 성령을 구하며 우리 안에 새로운 창조를 요청하였습니다(시 51:10). 우리는 다윗과 같이 하나님 앞에 나아와 죄를 회개하며 상한 심령으로 나아가야 합니다. 그럴 때 하나님께서 우리 안에서 일하실 것입니다.

나를 주 앞에서 쫓아내지 마시며 주의 성령을 내게서 거두지 마소서 주의 구원의 즐거움을 내게 회복시켜 주시고 자원하는 심령을 주사 나를 붙드소서 ... 하나님께서 구하시는 제사는 상한 심령이라 하나님이여 상하고 통회하는 마음을 주께서 멸시하지 아니하시리이다(시 51:10-11, 17).

3 예수 그리스도만이 우리의 유일한 소망입니다

우리에게 필요한 것은 속죄입니다. 예수님은 대제사장이 되어 우리의 죄를 위한 속죄 제물이 되어 주셨습니다. 예수님은 희생 제물이 되어 단번에 드린 희생으로 구원을 이루셨습니다. 예수님이 흘리신 피로 우리는 죄 용서를 받으며 의로움을 얻게 되었습니다.

> 하나님이 죄를 알지도 못하신 이를 우리를 대신하여 죄로 삼으신 것은 우리로 하여금 그 안에서 하나님의 의가 되게 하려 하심이라(고후 5:21).

> 미쁘다 모든 사람이 받을 만한 이 말이여 그리스도 예수께서 죄인을 구원하시려고 세상에 임하셨다 하였도다(딤전 1:15).

우리는 우리 죄를 자백하며 예수 그리스도를 인정하고 의뢰함으로 죄 사함의 은혜를 얻어야 합니다.

만일 우리가 죄가 없다고 말하면 스스로 속이고 또 진리가 우리 속에 있지 아니할 것이요 만일 우리가 우리 죄를 자백하면 그는 미쁘시고 의로우사 우리 죄를 사하시며 우리를 모든 불의에서 깨끗하게 하실 것이요 (요일 1:8-9).

☑ 내용 정리 ☑

우리는 죄의 본성을 가져 그 부패함이 우리 안에 거하게 되어 **죄로 인해 사망**에 이르게 되었습니다. 죄 가운데서 우리는 하나님의 심판을 두려워하며 절망할 수밖에 없었습니다. 하지만 예수님이 우리의 대제사장이 되어 우리의 **죄를 위한 속죄 제물**이 되어 주심으로 **단번에 드린 희생**을 통해 **구원**을 얻게 해 주셨습니다. 이제 우리는 우리의 죄를 자백하며 예수 그리스도를 의뢰해야 합니다.

? **질문** ?

당신은 스스로 죄인임을 고백합니까?

죄가 우리에게 두려움을 주는 이유는 무엇입니까?

예수 그리스도께서 죄인인 우리에게 가장 큰 소망인 이유는 무엇입니까?

예수 그리스도께 드리는 당신의 신앙고백은 무엇입니까?

나의 고백

나의 결단

나의 기도

PART 10

몸이 다시 사는 것과 영원히 사는 것

PART 10

몸이 다시 사는 것과 영원히 사는 것

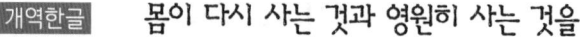

개역한글   몸이 다시 사는 것과 영원히 사는 것을
         믿사옵나이다. 아멘

새 번 역   몸의 부활과 영생을 믿습니다. 아멘.

1. 예수님은 부활하심으로 죽은 자들의 첫 열매가 되셨습니다

우리 삶은 잠깐 보이다가 사라지는 안개와 같이 허무합니다(약 4:14). 아무리 건강을 자신한다 해도 피할 수 없습니다. 우리의 시간은 날아가는 새처럼 순식간에 지나가 버리고 맙니다.

우리의 모든 날이 주의 분노 중에 지나가며 우리의 평생

이 순식간에 다하였나이다 우리의 연수가 칠십이요 강건하면 팔십이라도 그 연수의 자랑은 수고와 슬픔뿐이요 신속히 가니 우리가 날아가나이다(시 90:9-12).

죽음은 누구나 두렵고 슬픈 일이 아닐 수 없습니다. 하지만 그리스도인들에게 있어서 죽음은 다릅니다. 우리에게는 소망이 있기 때문입니다. 우리는 몸이 다시 사는 것과 영원히 사는 것을 믿고 고백하기 때문입니다.

그리스도인의 부활은 이미 예수 그리스도의 예고된 약속입니다. 예수님은 부활하심으로써 죽은 자들의 첫 열매가 되셨습니다.

그러나 이제 그리스도께서 죽은 자 가운데서 다시 살아나사 잠자는 자들의 첫 열매가 되셨도다(고전 15:20).

이는 예수님을 구주로 영접한 모든 성도가 앞으로 부활할 것을 예고하는 약속이 됩니다. 나아가 이와 같은 사실은 그리스도인들 안에 내주해 계시는 성령님이 예수 그리스도의 구속 사역을 성도들에게 적용하는 과정에서 일어나는 사역임을 알 수 있습니다.

예수를 죽은 자 가운데서 살리신 이의 영이 너희 안에 거하시면 그리스도 예수를 죽은 자 가운데서 살리신 이가 너희 안에 거하시는 그의 영으로 말미암아 너희 죽을 몸도 살리시리라(롬 8:11).

2 예수님으로 인해 심판의 시간이 은혜로 변합니다

인간은 죽음으로 모든 것이 끝나지 않습니다. 성경은 그 후에 심판이 있다고 말합니다. 하나님 앞에 받는 이 심판은 두려울 수밖에 없습니다. 지금까지 그가 세상에서 살아온 모든 여정과 가졌던 생각과 의도, 그 모든 것을 판결받게 됩니다. 어느 사람도 완전하고 흠 없는 삶을 살았다고, 죄와 상관이 없다고 말할 수 없을 것입니다. 우리의 삶은 언제나 후회와 한숨뿐이기 때문입니다.

한번 죽는 것은 사람에게 정해진 것이요 그 후에는 심판이 있으리니(히 9:27).

하지만 예수님을 믿는 그리스도인들에게는 이 심판이 오히려 소망의 시간이 됩니다. 예수 그리스도의 속죄로 인해 심판이 아닌 생명의 부활을 하게 되기 때문입니다. 심판의 위기 순간 그리스도인들은 예수 그리스도의 완전하고 흠 없는 의의 옷으로 인해 생명의 나라로 들어가게 됩니다.

> 이를 놀랍게 여기지 말라 무덤 속에 있는 자가 다 그의 음성을 들을 때가 오나니 선한 일을 행한 자는 생명의 부활로, 악한 일을 행한 자는 심판의 부활로 나오리라 (요 5:28-29).

3. 영생으로 나아갑니다

그리스도인들은 예수 그리스도로 인해 하나님이 예비하신 영원한 생명에 참여하게 됩니다.

> 예수께서 이르시되 나는 부활이요 생명이니 나를 믿는 자는 죽어도 살겠고 무릇 살아서 나를 믿는 자는 영원히

죽지 아니하리니 이것을 네가 믿느냐(요 11:25-26).

이 영생은 의미 없는 삶의 연장이 아닙니다. 바로 영광스러운 그리스도의 몸과 같이 변화된 신령한 새 몸입니다.

> 그러나 우리의 시민권은 하늘에 있는지라 거기로부터 구원하는 자 곧 주 예수 그리스도를 기다리노니 그는 만물을 자기에게 복종하게 하실 수 있는 자의 역사로 우리의 낮은 몸을 자기 영광의 몸의 형체와 같이 변하게 하시리라(빌 3:20-21).

우리는 거듭난 새 사람으로 새 하늘과 새 땅, 새 예루살렘에서 영원한 즐거움 가운데 하나님을 찬양하며 언제나 새로운 감동과 감격으로 살아가게 될 것입니다. 하나님께서 함께 계실 그 나라는 이 세상에서의 모든 고난을 잊을 정도의 큰 은혜가 가득합니다. 성경은 하나님이 친히 그들과 함께 계셔서 모든 눈물을 그 눈에서 닦아 주신다고 하셨습니다. 사망이나 애통이나 곡하는 소리나 아픈 것도 모두 사라지게 됩니다.

또 내가 새 하늘과 새 땅을 보니 처음 하늘과 처음 땅이 없어졌고 바다도 다시 있지 않더라 또 내가 보매 거룩한 성 새 예루살렘이 하나님께로부터 하늘에서 내려오니 그 준비한 것이 신부가 남편을 위하여 단장한 것 같더라 내가 들으니 보좌에서 큰 음성이 나서 이르되 보라 하나님의 장막이 사람들과 함께 있으매 하나님이 그들과 함께 계시리니 그들은 하나님의 백성이 되고 하나님은 친히 그들과 함께 계셔서 모든 눈물을 그 눈에서 닦아 주시니 다시는 사망이 없고 애통하는 것이나 곡하는 것이나 아픈 것이 다시 있지 아니하리니 처음 것들이 다 지나갔음 이러라(계 21:1-4).

☑ **내용 정리** ☑

우리는 죽음을 피할 수 없습니다. 비록 두렵고 슬프지만 죽음은 우리를 강하게 압박합니다. 세상의 **마지막 날 모든 인간은 부활**하게 됩니다. 하지만 그 부활이 소망이 되지 않는 이유는 하나님 앞에서 받는 두려운 심판이 남아 있기 때문입니다. 지금까지 살아온 모든 날 그리고 나의 생각과 의도까지 낱낱이 밝혀질 때 우리에게 남아 있는 부끄러움과 두려움은 말할 수 없을 것입니다. 과연 **하나님의 심판**을 견딜 수 있을까요? 그럼에도 우리 그리스도인들에게 소망이 있다고 하는 것은 예수 그리스도께서 우리의 죄를 위해 십자가에 죽으시고 우리에게 **의의 옷**을 입혀 주셨기 때문입니다. 우리는 이 은혜로 새 하늘과 새 땅, 새 예루살렘을 바라보게 됩니다. 예수 그리스도로 인해 하나님이 예비하신 **영원한 생명**은 우리의 큰 소망이 됩니다.

? 질문 ?

사람들이 죽음을 두려워하는 이유는 무엇입니까?

우리가 하나님의 심판대 앞에 서게 된다면 우리에게 가장 큰 위로와 힘이 될 분은 누구입니까?

당신은 하나님 앞에서 어떤 위로의 말을 듣고 싶습니까?

당신이 소망하는 마지막 날의 바람은 무엇입니까?

나의 고백

나의 결단

나의 기도

MEMO

저자 소개

지은이 박상민

한국교회와 목회자와 성도들을 사랑하는 작가이자 토브북스 대표로서 하나님 나라의 복음을 위해 애쓰고 있다. 총신대학교 일대원에서 구약 전공으로 석사(Th.M.)와 박사(Ph.D.Cand.)를 마쳤으며, 4년간 두란노의 『생명의 삶 플러스』에서 원어묵상을 집필하였다.

주요 저서로는 『한나, 그 아름다운 승리』(좋은땅, 2011), 『시니어를 위한 새가족 성경공부 1 : 기초편』(토브북스, 2019), 『그리스도를 따라』(토브북스, 2023)가 있으며, 번역서로서는 『성탄절의 인물들』(토브북스, 2021)이 있다.

토브북스 SNS https://blog.naver.com/tovbooks2018

함께 읽으면 좋을 토브북스의 책들

파워풀 성경읽기

김진현 지음 | 신국판 | 208면 | 값 12,000원

본서는 성경읽기를 신앙의 가장 중요한 핵심으로 이해하며, 다섯 가지 범주 '보기', '호흡', '먹기', '듣기', '기름부음'으로 설명한다. 이는 독자에게 성경읽기를 이해하고 사랑하게 할 것이다.

산상수훈, 그 속에 길이 있다

송다니엘 지음 | 신국판 변형 | 384면 | 값 15,000원

본서는 산상수훈을 오늘을 사는 현대인을 위한 말씀으로 제시하며 그리스도의 제자로서 고민하고 실천해야 할 중요한 진리들을 정리하고 도전한다. 이는 그리스도인의 올바른 삶을 고민하는 분들에게 진정한 안내서가 될 것이다.

성탄절의 인물들

다니엘 달링 지음 | 박상민 옮김 | 신국판 변형 | 256면 | 값 15,000원

본서는 성탄절에 등장하는 주변 인물들, 즉 '요셉, 사가랴와 엘리사벳, 마리아, 천사들, 여관 주인, 목자들, 박사들, 헤롯, 시므온과 안나'에 집중하며 신선한 시각을 제공한다. 이제 주변 인물들이 펼치는 성탄절의 특별한 이야기에 빠져 보자.

그리스도를 따라

박상민 지음 | 사륙판 변형 | 192면 | 값 12,000원

본서는 성경을 따라 그리스도께서 마지막으로 걸어가신 길을 깊이 묵상할 수 있도록 돕는다. 특별히 해설자의 시각으로 따라가는 따뜻한 이야기는 현장에 있는 듯한 생생함과 함께 이전에 느껴보지 못한 새로운 감동을 선사할 것이다.

모두를 위한 사도신경

초판발행 2024년 9월 23일

지은이 박상민
펴낸이 박상민
꾸민이 박소린

펴낸곳 토브북스
출판등록 제 2018-000007호(2018. 1. 15)

주소 경기도 안산시 단원구 선부광장북로67 235동 301호
문의 tovbooks2018@naver.com

ISBN 979-11-983431-4-7 (03230)
값 11,500원